A LA ENTRADA DE LA NOCHE
AT NIGHT´S DOOR

LÁZARO CASTILLO

TRADUCCIÓN DE MANUEL MARTÍNEZ

Edición: Rogelio Riverón

ISBN   978-959-10-2310-0

Instituto Cubano del Libro
Editorial Letras Cubanas
Obispo 302, esquina a Aguiar
La Habana, Cuba

E-mail: elc@icl.cult.cu
www.letrascubanas.cult.cu

A mi madre, María, mi sol..., mi agua

For my mother, María, my sun…, my water

A Yacel González Juanes por la paciencia y

el espacio para la poesía

For Yacel González Juanes, for his patience

and for giving me space to write poetry.

¿Será que después que no seas,
cuando no ser es solo montón de besos disecados,
serás no siendo, pero siendo amor?

Virgilio Piñera

Could it be that after you stop being,
when not being is only a bunch of desiccated kisses,
you will be not being, but being love?

Virgilio Piñera

INAUGURAR LA LUZ

UNVEIL THE LIGHT

*Tú pides ser el agua, quisiera ser el duro sol que apuntala
nuestros cuerpos*

RAÚL HERNÁNDEZ NOVÁS

*You ask to be the water, I'd like to be the hard
sun that shores up
our bodies*

RAÚL HERNÁNDEZ NOVÁS

En el agua tibia coronaba tu cuerpo.
En el desnudo de las azoteas
descubrimos los rostros de la noche,
tomamos su bajel inquieto.
Hemos venido a celebrar tu nombre
aquí crecidos
entre *el duro sol* y el agua.

In the warm water I would crown your body.
In the nakedness of the flat roof
we discovered the faces of the night,
we took its restless vessel.
We have come to celebrate your name
here matured
between *the hard sun* and the water.

Desprendimiento total

Tomamos un ómnibus frente a la glorieta
donde los pájaros entran
para huir de la lluvia.
El anuncio en el teléfono
me puso a prueba,
confié en el refinamiento,
en la carnalidad.
Ebrio de la hojarasca
creí en los pasadizos secretos
y en la mano que en la oscuridad
siempre consoló mi frío.

TOTAL DETACHMENT

8

We caught a bus in front of the gazebo
where the birds enter
fleeing the rain.
The message on the phone
tested me,
I relied on refinement,
on carnality.
Drunk from the verbiage
I believed in the secret passages
and in the hand that in darkness
always consoled my cold.

Luminosa sombra

La latitud de la noche extiende su mano,
llega la luz.
Desciendo por las aguas,
me vuelvo por el extremo límite de mi cuerpo
y al pie de las estatuas siento la respiración.
La luminosa sombra toma mi infancia.
Abro los ojos
y mi cuerpo permanece en la quietud,
en la memoria.

LUMINOUS SHADOW

The breadth of the night extends its hand,
enters the light.
I descend the waters,
I return by way of the extreme limit of my body
and at the foot of the statues I feel the breathing.
The luminous shadow takes my infancy.
I open my eyes
and my body rests in the stillness,
in memory.

Otras formas de vida

La negación nos hacía vivir;
veníamos del subsuelo,
de la humedad de una habitación.

OTHER FORMS OF LIFE

Denial made us live;
we came from the subsoil,
from the humidity of a bedroom.

EN MI LÁMPARA DE CAMPO,
primera que conocí,
te hice cartas.
Otra vez en aquel piano
creabas tu fruta mágica,
tu fruta de operetas.
Así, dorada la voz
y el sonido en el cristal
vuelves a hilvanar las resonancias
y tu música convertida en vitrales
alumbra mi recuerdo.

IN MY COUNTRY LANTERN,
the first that I knew,
I wrote you letters.
Again on that piano
you would create your magic fruit,
your operetta fruit.
In that way, the voice golden
and the sound in the crystal
you outline the resonances
and your music turned into stained glass
illuminates my memory.

ENTRE LAS TIENDAS UN DENSO TEMBLOR.
Bajo el vacío del viento
una bestia miraba en calma.
Otro torso desnudo,
luces rojas.

Amongst the stores a dense tremor.
Beneath the void of the wind
a beast looked on calmly.
Another nude torso,
red lights.

HOMBRES DE LA NOCHE

La vasija cada vez más llena,
la mujer que arrojaba su camisa
sobre el tránsito insoportable.
De la ventana del frente gritaban indecencias.
Teníamos hambre,
todo era visible,
los amuletos colgaban de los clavos de la casa.
En el sillón dormía una señora
que ni se enteraba de los amantes.
No le importaba que lloviera
ni las vasijas llenas de agua.
Cuando el cielo se llenó de piedras
nos marchamos
hacia los hombres de la noche.

18

The vase ever more full,
the woman who threw her shirt
over the unbearable traffic.
From the window across the way they yelled obscenities.
We were hungry,
everything was visible,
the amulets hung from the nails of the house.
In the armchair the woman slept
that didn't even take notice of the lovers.
It didn't matter to her that it rained
nor the vases full of water.
When the sky filled with stones
we went away
towards the men of the night.

Ya ves,
te han avisado,
quedas solo,
sin motivo.

You see,
you have been notified,
you are alone,
with no cause.

NACIMIENTO

En mis deseos de crecer nunca creí.
Ahora, entre la soledad pujada
tomo el cielo como ese centro lógico
donde esconderse
y vislumbrar el nacimiento,
el deleite de la primera vez
y el fin.

BIRTH

22

In my wishes to grow up I never believed.
Now, in the midst of the struggling solitude
I take the sky as that logical center
where to hide
and glimpse the birth,
the delight of the first time
and the end.

Estoy finalmente en este puerto.
Al pie del Abra tomé el aire
necesario para el final.
Ya resulto indiferente,
cercano al despojo de las ilusiones.
Ahora, se incrementen las voces
de este lugar sin amparo,
se truncan los sueños
y la belleza de la historia.
No regresaré a la Isla.

I'M FINALLY HERE AT THIS PORT.
At the foot of Abra I took in the air
necessary for the end.
I result indifferent,
near stripping away of illusions.
Now, increase the voices
of this place without shelter,
dreams are truncated
as is the beauty of history.
I will not return to the Island.

Diecisiete y C

Ha caído la noche.
Alguien me dice que una *madam* viene,
entra sin tocar la puerta.
Alguien me dice
que su espíritu es dueño de este espacio.
Busco a tientas la quebrada imagen
y se me pierde en la llovizna.
Las cenizas de la casona
se unen en la noche fría,
en la música del saxofón del vecino
que ensaya al anochecer.
Alguien me dice
que llenas de lluvia y tristeza este lugar.
Y yo extraño tus pasos.

26

Night has fallen.
Someone tells me that a madam comes,
she comes in without knocking.
Someone tells me
that her spirit is the owner of this space.
I search gropingly for the broken image
and I lose it in the drizzle of the rain.
Ashes from the big rambling house
come together in the cold night,
in the music of the neighbor's saxophone
who rehearses at dusk.
Someone tells me
that you fill with rain and sadness this place.
And I miss your footsteps.

TERRIBLE ES LA MENTIRA

Llegan las noticias
un alquitrán divide el límite.
Si retrocedo
encontraré en lo oscuro el frío cuerpo,
el pájaro que dormita.
Ahora tomaremos las monedas
partiremos al sur llevando entre los bultos
los recuerdos.
Vamos a inaugurar la luz,
la misma que nos iluminaba en la ventana,
nos hacía visibles.

TERRIBLE IS THE LIE

The news arrives
tar divided the limit.
If I go back
I will find in the dark the cold body,
the bird that sleeps.
Now we will take the coins
we'll set off south taking amongst the packages
the memories.
We will unveil the light,
the same one that would illuminate us in the window,
made us visible.

Versos para una ópera

Fui el extraño
que miró sonriendo a través de las rejas,
la fotografía de una tarde de sábado.
Allí, el muchacho
sigue componiendo la ópera de su vida.
Yo fui el otro,
el que busca versos para esa ópera.
Ahora, solo nos llamamos.

VERSES FOR AN OPERA

I was the strange one
that gazed smiling through the lattice,
the photograph of a Saturday afternoon.
There, the young man
continues to compose the opera of his life.
I was the other,
the one who searches for verses for that opera.
Now, we just call each other.

No hay dedicatorias
solo un mar donde apareces
y te extingues como el fuego.
Solo el silencio comprometido,
la sal y el generoso canto indígena.
Nos deslizamos por las grietas.
La mañana llega gris y asusta con la angustia.
Un pétalo con mordeduras
es batido por el viento.

There are no dedications
only a sea where you appear
and you go out like the fire.
Only the committed silence,
the salt and the generous indigenous song.
We slip through the crevices.
The morning arrives gray and alarms with anguish.
A petal with bites
is battered by the wind.

SAN MIGUEL

A Yaqui y Geraidy

Al llegar a San Miguel
encuentro el bullicio de Centro Habana,
el refugio de las amigas titiriteras.
Me arrastran los pequeños muñecos,
las fachadas desgarradas por el tiempo.
¡Ah, San Miguel!
de un lugar a otro los hombres charlan
con los santos traídos de África,
Orula llega con sus alabanzas
a tus callejones oscuros.

SAN MIGUEL

For Yaqui and Geraidy

Upon arriving at San Miguel
I encounter the bustle of Central Havana,
the refuge of my girl friend puppeteers.
The diminutive dolls drag me along,
the facades rended by time.
Oh, San Miguel!
from one side to the other men speak
with the saints brought from Africa,
Orula arrives with his praises
at your dark alleys.

Sɪ vuelvo a entrar en tus entrañas,
en tu respiración hallarás mi vértigo.

If I were to enter again into the depths of you,
in your breathing you will find my vertigo.

OLVIDO MEMORABLE

Supongo recuerdes las visitas al mar,
las noches de sexo bajo el mangle,
supongo que un poco de ausencia,
de horas sin minutos
te oculten las palabras.
Frente a la estatua de mármol
siempre te escuché
mas no importa,
la música nos salva,
hace que exista este olvido memorable.
Hemos cambiado tantas veces
que casi no conozco tu silueta,
ni el olor de tus manos.
Ahora, el día a día
logrará que la distancia
sea el encuentro utópico,
la renuncia y la ausencia,
y tú entenderás esta luz diferente,
esta agua que ha sido la clave
entre ambos rostros
y ambos cuerpos.

MEMORABLE FORGETTING

I suppose you remember the visits to the sea,
the nights of sex beneath the mangrove,
I suppose that a bit of absence,
of hours without minutes
hide the words from you.
In front of the marble statue
I always listened to you
but it doesn't matter,
the music saves us,
it brings into existence this memorable forgetting.
We've changed so many times
that I almost don't recognize your silhouette,
nor the scent of your hands.
Now, the day to day
will manage to make the distance
be the utopic encounter,
the renunciation and the absence,
and you will understand this light differently,
this water that has been the key
between both faces
and both bodies.

No tengo a quién leer,
ahora comparto mi propio cerco,
el violento convite de mi alma.
 En la meditación de la tarde
—busco entre las narraciones que escuchaba
cuando era pequeño—
esas dulces rarezas.

I DON'T HAVE ANYONE TO READ,
now I share my own milieu,
the violent invitation of my soul.
In the meditation of the afternoon
— I look amongst the narrations that I used to listen
to when I was a small child —
those sweet rarities.

SI ALGUNA VEZ HE CORRIDO

Con hambre en mis entrañas
no he de alcanzarte
aunque esté a punto de correr.
Levanté mi sed contra la muerte misma.
Ahora vuelvo al camino.
Si alguna vez he corrido
ha sido una bendición.

IF I HAVE EVER RUN

42

With hunger in my guts
I'm not apt to reach you
even though I am about to run.
I rose up my thirst against death itself.
Now I return to the path.
If I have ever run
it has been a blessing.

LA PUERTA

En la puerta nos creíamos solos.
La oscuridad cubrió las imágenes de la tarde.
Nos pensamos únicos,
nos veían,
bastaba la mirada de alguien para existir.
Cada ritual era colocado
como símbolo de las estaciones en la menuda calle
junto a los falsos lirios
que las muchachas llevaban cada domingo.
La terca oscuridad cubrió la tarde
y llevó al pájaro a su nido.

THE DOORWAY

In the doorway we thought ourselves alone.
The darkness covered the images of the afternoon.
We thought ourselves unique,
we were seen,
someone's gaze was enough to exist.
Every ritual was placed
like a symbol of the seasons in the small street
along with the fake irises
that the girls would bring every Sunday.
The stubborn darkness covered the afternoon
and took the bird to its nest.

que apagan el desconocido esplendor
también cubren la memoria.

that turn off the unknown splendor
also cover the memory.

Luz fosfórica

Nosotros en la plenitud del sonido
y la selva caldeada de puertas,
de ceremonias que rodean
las ciudades desaparecidas.
Una luz fosfórica
irrumpe en el azul tatuaje,
las serpientes pierden sus escamas.
Mirábamos la sala vacía.
Los *clowns* nunca aparecieron,
ni en las pascuas,
ni en las fiestas de niños
que rompían en el interior del teatro
las palabras indescifrables.

PHOSPHORIC LIGHT

We in the plenitude of the sound
and the steamy jungle of doors,
of ceremonies that surround
the cities disappeared.
A phosphoric light
bursts out of the blue tattoo,
the serpents shed their scales.
We would look at the empty living room.
The *clowns* never appeared,
nor at Christmastime,
nor at children's parties
that broke upon the interior of the theater
the indecipherable words.

YA NO HAY INFANCIA.
He entrado en la quietud
como al centro del secreto
que indeleble rompe
el reloj de un niño.

THERE IS NO LONGER INFANCY.
I have entered in the stillness
like the center of the secret
that indelibly breaks
the watch of a child.

AUTORRETRATO

51

Desde el fondo me está mirando
mi rostro desconocido,
imagen gastada por el rumor del mundo
y las aguas fallidas de mi sueño.

SELF PORTRAIT

From the bottom it is watching me
my unknown face,
image wasted by the murmur of the world
and the failed waters of my dream.

EN LA ENTRADA DE LA NOCHE

AT NIGHT'S ENTRANCE

ORACIÓN

Esta es mi primera oración en la mañana.
Nadie.
Tomo un tren hacia la ciudad.
Los pequeños animales contemplan la indiferencia.
Llueve.
Las voces se alternan con el sonido de las escaleras.
Tren.
Vuelvo a mi última oración.
Llegamos tarde y fuimos breves.

PRAYER

56

This is my first prayer in the morning.
Nobody.
I take a train toward the city.
The small animals contemplate the indifference.
It rains.
The voices alternate with the sound of the stairs.
Train.
I return to my last prayer.
We arrived late and were brief.

A LA HORA DEL WHISKY

Si alguna fiebre llega a mi sien
no importa,
guardaré bajo las penas
el tenue recuerdo de una noche
y la nota de siempre.
Escribiré en el dorso de tu mano
en la hora del whisky.

At Whisky Time

If a fever reaches my temple
it doesn't matter,
under my sorrows I'll keep
the tenuous memory of one night
and the same note as ever.
I will write on the back of your hand
at whisky time.

A UN TITIRITERO

Para Adalette

Los títeres bailan solos en la habitación.
Han llegado a Bogotá,
esperan encontrarse a niños sedientos.
Las calles están en silencio.
A las cinco de la tarde
todos temen a los sicarios
y el frío abraza.
Demasiada tristeza para un titiritero.
Vuelve el frío a acogerte
y se roba tu voz,
te rodean los sicarios de Vallejo.

TO A PUPPETEER

For Adalette

The puppets dance by themselves in the room.
They have arrived in Bogota,
they hope to find thirsty children.
The streets are in silence.
At five in the afternoon
everyone fears the hit men
and the cold clings.
Too much sadness for a puppeteer.
The cold again embraces you
and steals your voice,
you are surrounded by assassins from Vallejo.

Han llegado los amigos,
los mismos de otros años.
Siempre tendré en el invierno
el leve roce que nos acerca.
Ahora todo podría suceder.

the same ones from years gone by.
I will always have in winter
the soft caress that draws us near.
Now anything may be possible.

IL LIBRO DI ESTER

A Iben Nagel y a Ester Rasmussen

No estoy acostumbrado a este vino
ni al idioma que se mezcla
entre el agua y el árbol.
Medito en la fría madrugada de Ryde.
Algo inefable toma mi cuerpo.
Detrás de los árboles
ella canta las mismas razones
que en el reino de Dinamarca
sopesaban los hombres en la guerra.
Ahora soy el consuelo de Ester
y preparo una lámpara y lleno la estufa.
Se marcha Ester,
una música inconclusa rompe el día.
He perdido los años.
Ester está ahí: donde comienza el deshielo,
donde se unen las raras aves
en la entrada de la noche.

Ryde, septiembre, 2006.

To Iben Nagel and Ester Rasmussen

I am not accustomed to this wine
nor the language that is mixed
between the water and the tree.
I meditate in the cold dawn of Ryde.
Something ineffable comes over my body.
Behind the trees
she sings the same reasons
that in the kingdom of Denmark
are weighed by the men at war.
Now I am the solace of Ester
and I prepare a lamp and I fill the stove.
Ester leaves,
an inconclusive music breaks the day.
I have lost the years.
Ester is there: where the thaw begins,
where the rare birds come together
at night's door.

Ryde, september 2006.

ETIQUETAS, NOMBRES, PROPAGANDAS VACÍAS
o luces que me acosan en la noche
con su triste revelación.
Como un ave en soledad,
anclado en la bahía,
vigilado por los faros.

or lights that accost me in the night
with their sad revelation.
Like a bird in solitude,
anchored in the bay,
watched over by the lighthouses.

TOR BELLA MONACA

Roma, 1880

Sin entender la penitencia
somos blancos del agua,
del fuego, de la piedra,
de los muchachos que inocentes
cambian la vida por nada.
Somos blancos del espanto que acecha
a un lado y otro.
Observo un corazón, un tigre.
Todo termina al amanecer.
Nos dormimos de pie,
amontonados en cualquier esquina.

Tor Bella Monaca

Rome, 1880

Without understanding the penance
we are the targets of the water,
of fire, of the stone,
of the boys that as innocents
exchange life for nothing.
We are the targets of the fright that stalks
to and fro.
I observe a heart, a tiger.
Everything ends at dawn.
We fall asleep standing up,
piled up in any given corner.

Quiero huir en el sonido de la guitarra.
Un trovador silba en mi ventana
las dotes del Caribe que me hacen dormir.
Olvidando que existimos
quiero que me lleve por ese agujero
en el que mi corazón se debilita.

I WANT TO FLEE IN THE SOUND OF THE GUITAR.
A troubadour whistles at my window
the gifts of the Caribbean that make me sleep.
Forgetting that we exist
I want him to take me through that hole
in which my heart wanes.

RAZÓN DEL MAQUILLAJE

Todo está magnificado por el espacio,
cruzar hacia la isla a través del hielo
crea una alianza en la noche que parte.
La neblina cubre a Helsingborg
la estufa de los antiguos ya no calienta.
Cuando los pescadores marchan al estrecho
soy el huésped que murmura
entre los restos de la ciudad.

72

Everything is magnified by the space,
crossing toward the island through the ice
creates an alliance that divides.
The fog covers Helsingborg
the ancient's stove no longer warms.
When the fishermen march to the straits
I am the guest that murmurs
amongst the remains of the city.

Basta con tirar la puerta.
De cualquier manera
un viaje ha de existir.

It is enough to slam the door.
In any event
a voyage ought to exist.

MANCHAS DE VINO

Manchas de vino
fueron el recuerdo de tus noches.
Eres diferente a mi astilla:
la fiesta que se descomponía,
el escondite en las escaleras,
la orden por cumplir.
Ya no habrá más tardes.
Salgamos sin chaleco.
Ha dejado de llover.

WINE STAINS

Wine stains
were the only reminder of your nights.
You are different from my splinter:
the party that waned,
the hiding place in the stairs,
the order to be obeyed,
there will no longer be afternoons.
Let's go out without a coat.
It has stopped raining.

A José Manuel, mi padre

Las sales odorantes se prenden en mi chaleco.
Días cortos en que no hay tiempo para más.
Tardes que suelo pasar en la bahía
del brazo de los buques,
oyendo las guitarras.

To José Manuel, my father

The odorous salts cling to my vest.
Short days in which there isn't time for more.
Afternoons that I habitually spend on the bay
arm in arm with the ships,
listening to the guitars.

Qué sucederá con mi crepúsculo
si en el barullo de la esquina
transidos de soledad
hasta los niños me piden Marlboro.

What will happen with my twilight
if in the hubbub of the corner
overcome by loneliness
even the children ask me for Marlboro.

Insomnio

81

Apenas duermo.
Ahora bebo en la cena
ese poco de whisky
en el tarro que un vikingo
me obsequió.
Quiero estar despierto
cuando llegue la lluvia.
En la noche tan larga
nada sirve de alimento al extraño.

Insomnia

I barely sleep.
I drink at dinner
that bit of whisky
in the jar that a Viking
gave me.
I want to be awake
when the rain arrives.
During the night so long
nothing serves as food to the stranger.

Dicen adiós desde el cristal
que quisieran romper
en la estación sin regreso.

NO ONE HAS A BODY.
They say goodbye from the glass
that they wanted to shatter
in the station of no return.

Naufragio

Entre una columna
y segmentos de historia
han detenido al náufrago.
Aseguran que se ahoga
en el lugar más íntimo del hombre.

SHIPWRECK

Between a column
and segments of history
they have confined the castaway.
They confirm that he drowns
in the most intimate part of Man.

Preparemos los saltos,
los vuelos de luz
que abrieron los cuchillos.
El cuerpo de una niña
rompe con el silencio
y la respiración de los pájaros.
Una sola transparencia
y luego el despertar
donde termina la luz.

Let us prepare the leaps,
the flights of light
that were opened by the knives.
The body of a girl
breaks the silence
and the breathing of the birds.
One solitary transparency
and then the awakening
where the light ends.

En el inmenso frío,
exhausto bebo de tus ruinas,
entierro mi cuerpo.
La lengua canta
en el silencio que antecede al dolor,
al frío inmenso.

In the immense cold,
exhausted I drink from your ruins,
I bury my body.
The tongue sings
in the silence that precedes the pain,
the immense cold.

HISTORIA

La historia desaparece como una ardilla
y con su olor pretencioso lanza la mañana,
hace cabecear a los muchachos
que lanzan sus monedas
y cuidan del furor,
del delirio.

History

History disappears like a squirrel
and with its pretentious smell launches the morning,
makes the boys nod
that lob their coins
and guard against the furor,
the delirium.

Comprensión, contrapunteo

Todo el derecho al destierro,
a escribir cartas a desconocidos,
a revelar nombres,
a ocultarnos entre piedras.
Todo el derecho a comprender
y completar la visión del otro,
a azorar las aves
que pasan sin contrapunteo.

94

All the right to exile,
to write letters to people unknown,
to reveal names,
to hide ourselves among the stones.
All the right to comprehend
and complete the vision of the other,
to shoo away the birds
that pass by without counterpoint.

TARDE DE INVIERNO

El viento bate tan frío
que mis manos se duelen
como el corazón de un adolescente.
Adentro la frontera ciega
que encuentra la palabra
en esta tarde de invierno.
Si encontrase un cuerpo
lo cruzaría hasta la profundidad.

WINTER AFTERNOON

The wind beats down so cold
that my hands ache
like the heart of an adolescent.
Inside the blind frontier
that the word finds
in this winter afternoon.
If I were to find a body
I would ford it into the depths.

ÍNDICE

INAUGURAR LA LUZ / UNVEIL THE LIGHT

Tú pides ser el agua / 5
You ask to be the water / 6
Desprendimiento total / 7
Total detachment / 8
Luminosa sombra / 9
Luminous shadow / 10
Otras formas de vida / 11
Other forms of life / 12
En mi lámpara de campo / 13
In my country lantern / 14
Entre las tiendas un denso temblor / 15
Amongst the stores a dense tremor / 16
Hombres de la noche / 17
Men of the night / 18
Ya ves / 19
You see / 20
Nacimiento / 21
Birth / 22
Estoy finalmente en este puerto / 23
I'm finally here at this port / 24
Diecisiete y c / 25
Seventeenth and C / 26

Terrible es la mentira / 27
Terrible is the lie / 28
Versos para una ópera / 29
Verses for an opera / 30
No hay dedicatorias / 31
There are no dedications / 32
San Miguel / 33
San Miguel / 34
Si vuelvo a entrar en tus entrañas / 35
If I were to enter again into the depths of you / 36
Olvido memorable / 37
Memorable forgetting / 38
No tengo a quién leer / 39
I don't have anyone to read / 40
Si alguna vez he corrido / 41
If I have ever run / 42
La puerta / 43
The doorway / 44
Las sábanas / 45
The sheets / 46
Luz fosfórica / 47
Phosphoric light / 48
Ya no hay infancia / 49
There is no longer infancy / 50
Autorretrato / 51
Self portrait / 52

EN LA ENTRADA DE LA NOCHE / AT NIGHT'S ENTRANCE

Oración / 55
Prayer / 56
A la hora del whisky / 57
At whisky time / 58
A un titiritero / 59
To a puppeteer / 60
Han llegado los amigos / 61
The friends have arrived / 62
Il libro di Ester / 63
Il libro di Ester / 64
Etiquetas, nombres, propagandas vacías / 65
Tags, names, empty advertisements / 66
Tor Bella Monaca / 67
Tor Bella Monaca / 68
Quiero huir en el sonido de la guitarra / 69
I want to flee in the sound of the guitar / 70
Razón del maquillaje / 71
Reason for the makeup / 72
Basta con tirar la puerta / 73
It is enough to slam the door / 74
Manchas de vino / 75
Wine stains / 76
Las sales odorantes se prenden en mi chaleco / 77
The odorous salts cling to my vest / 78
Qué sucederá con mi crepúsculo / 79
What will happen with my twilight / 80
Insomnio / 81
Insomnia / 82
Nadie tiene cuerpo / 83
No one has a body / 84

Naufragio / 85
Shipwreck / 86
Preparemos los saltos / 87
Let us prepare the leaps / 88
En el inmenso frío / 89
In the inmence cold / 90
Historia / 91
History / 92
Comprensión, contrapunteo / 93
Comprehension, counterpoint / 94
Tarde de invierno / 95
Winter afternoon / 96

Made in the USA
Monee, IL
07 July 2026

56551574R00069